Erika Bock

Bunte Osterzeit

CREATIV COMPACT

CHRISTOPHORUS

Inhalt

Frohe Ostern

Nach dem grauen Winter freut sich jeder auf den Frühling und auf Ostern. Nun macht es Spaß, die Wohnung liebevoll in frühlingsfrischen Farben zu dekorieren.
Zum Osterfest werden traditionell der Frühstückstisch und ein Strauß aus blühenden Zweigen fröhlich bunt geschmückt. Dafür stelle ich Ihnen hier viele neue Motive rund um Huhn, Hase und Lamm vor. Schauen Sie das Buch gemeinsam mit Ihren Kindern durch, bestimmt findet jeder gleich ein Lieblingsmotiv. Aus bunten Papieren lassen sie sich alle leicht basteln: Ein kleiner Malerhase liegt nach getaner Arbeit erschöpft, aber fröhlich am Rande eines Nests mit bunten Eiern. Lustige Hühnchen bewahren in ihrer Schürze kleine Wollküken und Ostereier auf. Kleine Schäfchen dienen als Tischlicht, Serviettenhalter und Eierbecher. Ein niedlicher Hase mit Papprollen-Körper kann mit Schokoriegeln gefüllt werden. Als Anhänger für den Strauß gibt es Küken, Hasen, Bienchen, Marienkäfer und Schmetterlinge. Da ist für jeden etwas dabei!

Eine schöne Frühlings- und Osterzeit und viel Freude beim gemeinsamen Basteln wünscht Ihnen

Erika Bock

Hinweise & Tipps

Papiere

Fotokarton (300 g/qm), Tonkarton (220 g/qm), Universalkarton mit Aquarellprägung (220 g/qm), Tonpapier (130 g/qm), Motivkarton (200 und 300 g/qm), Maulbeerbaumpapier (etwa 80 g/qm).

Filz

Bastelfilz, ca. 1 mm stark; Filzplatten, 3,5 bis von 4 mm stark.

Vorlagen und Schablonen

Auf dem Vorlagenbogen sind alle Motivteile in Originalgröße abgebildet. Zum Übertragen der Linien auf Papier *Kohlepapier* zwischen Vorlage und Werkmaterial legen und die Linien mit einem Bleistift durchpausen. Wird ein Motiv mehrmals benötigt, empfiehlt es sich, eine Schablone herzustellen. Dazu *Architektentransparentpapier* auf die Vorlage legen und das Motiv nachzeichnen. Das Papier mit einem *Klebestift* flächig auf dünnen Karton kleben und ausschneiden. Die entstandene Schablone auf das Werkmaterial legen und die Umrisse mit Bleistift nachzeichnen.

Zum Übertragen der Vorlagen auf Filz eine Schablone herstellen. Die Schablone auf den Filz legen, nun entweder deren Umrisse mit Filzstift nachzeichnen und ausschneiden oder die Schablone nur festhalten und das Motiv an den Umrissen entlang ausschneiden.

Zusammenkleben

Nur wenig *flüssigen Klebstoff*, z. B. UHU Alleskleber extra oder UHU flinke flasche, verwenden, um Flecken zu vermeiden. Überschüssiger Klebstoff lässt sich mit einem weichen Radiergummi entfernen, solange er noch feucht ist.

Hilfsmittel und Werkzeuge

Kohlepapier, Architektenpapier, Karton für Schablonen, Bleistifte, weicher Radiergummi, wasserfester Filzstift in Schwarz (für Gesichter), Gelstift in Weiß (für Lichterpunkte), Papierschere, Silhouetten- oder Nagelschere, Cutter und schneidfeste Unterlage, Lochzange, Bürotacker (Hefter), Klebstoff für Papier, doppelseitiger Klebefilm oder UHU glue roller, kleine Klebekissen (2 mm), Näh- und Stopfnadel, Lineal.

Bunte Ostereier

Eier ausblasen

An der Eispitze und am gegenüberliegenden Boden mit einer Nadel jeweils ein Loch von einem halben Zentimeter Durchmesser stechen. Einen Schaschlikstab ins Innere des Eies stecken, Eiweiß und Eigelb verrühren. Ab und zu den Stab ganz durchstecken und danach weiterrühren. Eigelb und Eiweiß fließen von selbst aus. Das Ei unter fließendem Wasser mit etwas Spülmittel aus- und abspülen. *Oder:* Das Ei wie beschrieben aufstechen, Eiweiß und Eigelb verrühren. Einen Trinkhalm ins Ei stecken und die Masse hinauspusten. Das Ei auswaschen.

Ausgeblasene Eier färben

Ausgeblasene Hühnereier färbt man am einfachsten mit *Eier-Kaltfarben*. Sie werden von verschiedenen Herstellern in unterschiedlicher Form angeboten, z. B. als Pulver, Gelstifte oder Tabletten. Bitte beachten Sie die Gebrauchsanleitung des jeweiligen Herstellers. *Tipp:* Eier im Microwellengerät vorwärmen, dann nehmen sie die Kaltfarben besser an.

Frühstückseier färben

Eierschalen sind sehr dünn und porös. Beim Färben können die Färbemittel die Schalen durchdringen und in die Nahrung gelangen. Biofarben sind unbedenklich und daher den synthetischen Färbemitteln vorzuziehen.
Naturfarben zum Eierfärben bekommen Sie u. a. in der Apotheke. Für lindgrüne Eier benötigen Sie 20 g getrocknete Mateblätter, für hellgelbe 30 g Birkenblätter. Sonnengelb erhalten Sie mit 20 g Curcumarhizom (gepulvert), Violett mit 20 g getrockneten Heidelbeeren. Für eine karminrote Färbung gibt es „Cochenille“ (2 g), den einzigen zugelassenen Lebensmittelfarbstoff tierischer Herkunft.
Die Zutaten pro Farbe in jeweils einen Liter Wasser geben und zehn Minuten sieden lassen. Den Farbsud filtrieren, zum Beispiel mit einem Kaffeefilter, die Eier hinzugeben und zehn Minuten lang im siedenden Farbbad hart kochen. Die Eier dabei im Topf mit einem Löffel hin und her bewegen, damit die Färbung gleichmäßig wird.
Tipps: Am besten einen alten Kochtopf verwenden. Die Eier nach dem Färben polieren.

Küken

Material

- Fotokarton in Weiß, Gelb
- Tonkarton in Gelb, Orange, Rot, Grün, Blau
- Ovale Wackelaugen, 10 mm
- Gestanzte Filzpunkte, 8,5 mm Ø
- Jumbolocher „Blüte", ca. 3 cm Ø
- Chenilledraht in Rot, Grün
- Aufhängefaden

Vorlage A

1 Die Küken nach der Vorlage auf Fotokarton übertragen und ausschneiden. Unten Löcher für die Beine ausstanzen.

2 Die Augen und den Schnabel anbringen. Die Köpfe auf die Körper kleben, beim weißen Küken eine ausgestanzte Blüte als Kragen mit einlegen. Kämme und Flügel an der Rückseite fixieren.

3 Für jedes Paar Beine 15 cm langen Chenilledraht durch die ausgestanzten Löcher führen. Die Enden als Füße aufrollen.

4 Blüten für die Kette ausstanzen und Filzpunkte in die Mitte kleben. Die Blüten mit Nähgarn aneinander reihen.

Eierbecher-Hasen

Abbildung & Materialangaben Seite 8/9

1 Die Körperform der *Hasen* nach der Vorlage auf Fotokarton übertragen und ausschneiden. Gesichter aufmalen.

2 Schleifenbänder der Abbildung entsprechend um die Hälse der Hasen binden. Herzen ausstanzen und auf die Ohren kleben.

3 Aus dem Eierkarton jeweils einen an der Ecke gelegenen Behälter schneiden, dabei etwas vom Mittelsteg stehen lassen. Den Behälter mit dem Tacker am Hasen fixieren. *Hinweis:* Der Hase steht aufrecht, wenn ein Ei in seinem Behälter liegt.

4 Die Blütenform des *Kerzenhalters* nach der Vorlage aus Motivkarton ausschneiden. Die eingezeichneten Stege mit dem Cutter einschneiden und das Teelichtglas einpassen.

Eierbecher-Hasen

Material

Hasen

- Fotokarton in Orange, Mittelbraun, Braun
- Tonpapierreste für die Herzen
- Eierkarton
- Kariertes Schleifenband, 1 cm breit, je Motiv 20 cm lang
- Draht zum Abbinden von Schleifen
- Motivlocher „Herz“, klein
- Bunte, gekochte Eier

Kerzenhalter

- Motivkarton „Happy Papers – Flowers – Tulpen“ in Grün
- Teelichtglas
- Kerze in Gelb, Eiform

Vorlage B

Anleitung Seite 6/7

Frohe
Ostern

Lämmchen

Material

- Tonkarton in Creme
- Filzplatte in Creme, 4 mm
- Filzblüten (Filzkette) in Grün, 20 mm Ø
- Holzstreuteile „Marienkäfer", 15 mm
- Eierkarton
- Votivglas, ca. 5 bis 5,5 cm Ø
- Kerze in Gelb, Eiform
- Bunte, gekochte Eier
- Ostergras
- Serviette
- Holzbuntstift in Rot

Vorlage C

1 Die Motivteile nach der Vorlage aus Filz bzw. Tonkarton ausschneiden.

2 Die Schäfchen ausgestalten: Die Gesichter aufmalen, Wangen mit einem roten Buntstift andeuten. Das fertige Köpfchen auf dem Körper fixieren, mit einzelnen Blüten und Käfern ausschmücken.

3 *Schäfchen mit Eiern:* An der kurzen Seite des Eierkartons zwei Behälter abschneiden, dabei den Steg in der Mitte stehen lassen. Das Schäfchen mit dem Tacker am Steg befestigen. Mit Ostergras und bunten Eiern dekorieren.

4 Beim *Tischlicht* die Filzform locker um das Glas legen. Das schmale Ende des Streifens hinter dem breiten Ende fixieren. Den Kopf vorn aufkleben.

5 Beim *Serviettenhalter* eine Serviette tütenförmig zusammenrollen und durch den Ausschnitt des Schäfchens stecken. Ostergras und ein gefärbtes Ei hineinlegen.

Osternest

Material

Küken
- Tontopf, ca. 5,5 cm Ø
- Styroporei, 60 mm
- Styroporkugel, 30 mm Ø
- Zahnstocher
- Filzplattenrest in Rot, 4 mm
- Acrylfarben in Gelb, Rot

Großer Hase
- Styroporkegel, 15 cm
- Filzplatten in Gelb, Braun, 4 mm
- Messingdraht
- Acrylfarben in Cappuccino, Rehbraun

Kleiner Hase
- Tontopf, ca. 5,5 cm Ø
- Styroporei, 60 mm
- Filzplatte in Braun, 4 mm
- Messingdraht
- Acrylfarben in Cappuccino, Rehbraun, Grün

Nest
- Teller oder Schachteldeckel, ca. 18 cm Ø
- Fotokarton in Grün
- Ostergras
- Bunte, gekochte Eier

Außerdem
- Motivlocher „Herz"
- Fotokartonreste für die Herzen
- Wasserfesten Filzstift in Schwarz
- Pinsel
- Zierrandschere
- Maßband

Vorlage D

Küken
Styroporei und -kugel gelb grundieren. Beide Teile mit Zahnstocher und Klebstoff verbinden. Schnabel und Kamm nach der Vorlage aus Filz schneiden und aufkleben. Die Augen mit Filzstift aufmalen, Glanzpunkte mit weißem Gelstift setzen. Den Tontopf rot bemalen, mit Ostergras auspolstern und das Küken hineinsetzen.

Großer Hase
Den Styroporkegel mit einer Mischung aus Cappuccino und Rehbraun grundieren. Das Gesicht mit Filzstift aufmalen, Lichter mit weißem Gelstift setzen. Ohren, Arme und Kragen nach den Vorlagen aus Filz schneiden. Die Ohren aufkleben. Den Kragen umlegen und an der Rückseite mit Draht „zusammennähen". Die Arme entweder an den Drahtenden fixieren oder aufkleben. Vorn ein ausgestanztes Herz anbringen.

Kleiner Hase
Das Styroporei mit einer Mischung aus Cappuccino und Rehbraun grundieren. Das Gesicht mit Filzstift aufmalen, Lichter mit weißem Gelstift setzen. Ohren und Haarsträhnen aus Filz schneiden und aufkleben. Den Tontopf grün bemalen, mit Ostergras füllen und das Häschen hineinsetzen. Ein Herz aus Fotokarton stanzen und mit Draht ans Ohr hängen.

Nest
Den Umfang des Pappdeckels oder Tellers abmessen. Aus Fotokarton einen 4 cm breiten Streifen in entsprechender Länge schneiden, eine Längsseite mit der Zierrandschere zuschneiden. Die Figuren im Nest platzieren und mit Ostergras und bunten Eiern ausschmücken.

Hühnerhof

Material

Hühner

- Geprägter Universalkarton in Champagner, Orange
- Maulbeerbaumpapier in Rot
- Motivkarton „Happy Papers – Ganzjahresmotive – Karos“ in Rot/Weiß, Blau/Weiß
- Buntes, gekochtes Eier

Küken

- Märchenwolle in Gelb
- Filznadel, mittel, 90 mm lang
- Schaumstoff als Unterlage, ca. 10 x 10 cm
- Tonpapierreste in Orange, Schwarz
- Marabufedern in Gelb
- Motivkarton „Happy Papers – Flowers – Tulpen“ in Grün
- Papprolle

Vorlage E

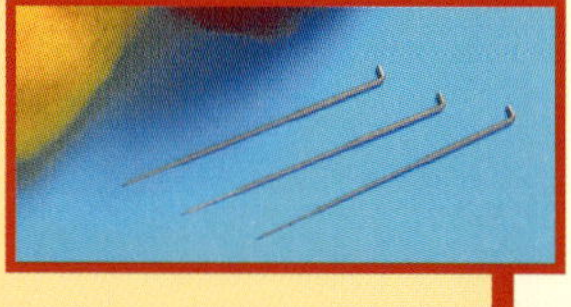

Hühner

1 Alle Teile nach den Vorlagen ausschneiden. Die Augen aufmalen und den Schnabel ankleben.

2 Körper und karierte Schürze der Vorlage entsprechend mit Stegen verbinden, die Stege mit dem Tacker anheften.

3 Die Füße auf oder unter die Schürze kleben. Bei untergeklebten Füßen diese quer in der Mitte falten und an die Rückseite der Schürze kleben. Flügel aufstecken und mit Klebekissen fixieren.

Küken

1 Für Kopf und Körper aus Märchenwolle jeweils eine Kugel formen und auf den Schaumstoff legen. Mit der Filznadel stetig von allen Seiten einstechen, bis eine feste Kugel von 3 bzw. 4 cm Durchmesser entsteht. Die kleinere Kugel als Kopf auf die größere legen und mit der Filznadel beide Teile durch Einstechen verbinden.

2 Mit der Lochzange Kreise aus schwarzem Tonpapier ausstanzen und als Augen aufkleben. Mit Gelstift Lichter setzen. Den Schnabel nach der Vorlage aus orangefarbenem Tonpapier schneiden, falten und ankleben. Marabufedern als Flügel und Kopfschmuck in das Wollküken stecken.

3 Das Küken in die Schürze eines Huhns oder in den mit Motivkarton ummantelten Abschnitt einer Papprolle stecken.

Achtung: Mit der Filznadel vorsichtig arbeiten, die Filznadel hat an der Spitze kleine Widerhaken!

Maler-Hase

Material

- Fotokarton in Gelb, Rot, Mittelbraun
- Fotokartonreste für die Schmetterlinge
- Motivkarton „Wasser“
- Bastelfilz in Dunkelbraun
- Pompon in Weiß, 10 mm Ø
- Spandose, 11 x 16 cm, 5,5 cm hoch
- Ostergras
- Bunte, gekochte Eier
- Acrylfarbe in Grün
- Pinsel
- Jumbolocher „Schmetterling“, ca. 3 cm
- Effektdraht in Grün
- Zackenschere

Vorlage F

1 Den Hasen vom Vorlagebogen übertragen und ausschneiden.

2 Das Gesicht mit Filzstift aufmalen und Lichter mit einem weißen Gelstift setzen. Innenohren aus Filz aufkleben.

3 Das Bein an die Rückseite der Hose und den Arm an die Rückseite des Ärmels kleben. Beide Teile auf dem Pullover fixieren. Mit Klebekissen den Kopf am Körper und den Pinsel an der Pfote befestigen. Pompon als Schwänzchen ankleben.

4 Die Spandose mit verdünnter Acrylfarbe grundieren, die Grashalme unverdünnt aufmalen.

5 Den Hasen am Rand der Spandose festkleben. Ostergras ins Nest legen und mit bunten Eiern und gestanzten Schmetterlingen ausschmücken.

Hase mit Körbchen

Material

- Fotokarton in Rot, Grün, Mittelbraun
- Fotokartonreste für die kleinen Eier
- Motivkarton „Happy Papers – Flowers – Gänseblümchen" in Orange
- Motivkarton „Happy Papers – Flowers – Sommerblumen" in Gelb, Orange, Grün
- Motivkarton „Happy Papers – Flowers – Tulpen" in Blau
- Motivkarton „Happy Papers – Bubbles" in Blau
- Rest von Regenbogentonpapier
- Bastelfilz in Dunkelbraun
- Papierkordel mit Drahteinlage in Orange
- Ostergras
- Aufhängefaden

Vorlage G

1 Alle Motivteile nach den Vorlagen ausschneiden. Das Gesicht des Hasen mit Filzstift aufmalen, Glanzpunkte mit einem weißen Gelstift setzen. Die Innenohren aus Filz aufkleben.

2 Die Hose an der Rückseite des Pullovers, Halstuch und Kopf auf dessen Vorderseite fixieren. Beide Beine und einen Arm an die Körperrückseite kleben, den zweiten Arm vorn anbringen. Pinsel ausarbeiten und aufkleben.

3 Die Faltlinien der Körbchen falten und die Seiten mit schmalen Streifen des doppelseitig klebenden Klebefilms schließen. Mit der Lochzange Löcher für die Henkel ausstanzen. Jeweils eine 16 cm lange Papierkordel als Henkel anbringen. Den Aufhängefaden befestigen.

4 Bunte Eier aus Fotokartonresten schneiden und mit Klebekissen im Körbchen fixieren. Die Körbchen vorsichtig mit etwas Ostergras füllen. Ein Körbchen mit Klebefilm an der Hasenpfote anbringen.

Käfer und Bienchen

Material

- Motivkarton „Happy Papers – Bubbles" in Gelb, Grün
- Fotokarton in Beige, Gelb, Rot, Schwarz
- Fotokartonreste für die Blüten
- Transparentpapier in Weiß
- Gestanzte Filzpunkte, 8,5 mm Ø
- Aufhängefaden

Vorlage H

1 Käfer, Bienen und Ringe von den Vorlagen übertragen und ausschneiden.

2 *Bienen:* Gesichter und Streifen mit Filzstift aufmalen. Je zwei Flügelpaare an der Mittellinie aufeinander kleben und an der Körperrückseite fixieren. Schmale Streifen aus schwarzem Fotokarton schneiden und als Fühler anbringen.

3 *Käfer:* Die Gesichter mit Filzstift ausgestalten. Flügel und Körper nach den Vorlagen mit Filzstift bemalen (Varianten beachten). Die Flügel auf den Körper kleben und Fühler anbringen.

4 Bienen und Käfer auf den Ringen platzieren, jeweils ein Motiv mit einem Aufhängefaden am Ring befestigen.

5 Für die Blüten Fotokartonkreise rundum fein einschneiden, in der Mitte einen Filzpunkt fixieren. Die Blüten auf die Motivringe kleben.

Hase und Küken

Material

- Fotokarton in Gelb, Orange (Rest), Mittelbraun
- Tonpapier in Rot, Grün (Rest)
- Reste von Motivkarton für die kleinen Eier
- Chenilledraht in Rot
- Papprolle von Toilettenpapier
- Zum Füllen Süßigkeiten, Stifte, o. Ä.
- Serviette

Vorlage I

Hase

1 Kopf und Möhre von der Vorlage übertragen und ausschneiden.

2 Die Innenohren aufkleben und beide Ohren an der Kopfrückseite platzieren. Das Gesicht mit Filzstift aufmalen, Lichter in den Augen mit einem weißen Gelstift setzen. Die kleine Möhre anbringen.

3 Die Papprolle mit Fotokarton bekleben. Mit der Lochzange seitlich zwei Löcher für die Arme und in der Mitte ein Loch für den Hals ausstanzen. Den Rand der Papprolle etwa 2 cm nach innen drücken, dabei darauf achten, dass das Loch für den Hals mittig sitzt.

4 Für die Arme 13 cm langen Chenilledraht durch die ausgestanzten Löcher der Pappröhre stecken. Für den Hals 6 cm langen Chenilledraht mittig knicken, eine Hälfte an der Kopfrückseite anbringen, die andere durch das ausgestanzte Loch führen und fixieren. *Tipp:* Damit die Füllung, z. B. Schokoriegel, nicht aus der Papprolle herausfällt, unten eine geknüllte Serviette einstecken.

5 Das Küken der Abbildung entsprechend ausarbeiten und auf den Bauch des Hasen kleben.

Küken

1 Die Küken nach der Vorlage ausschneiden. Die Gesichter aufmalen, Flügel und Kämme an den Rückseiten anbringen.

2 Die Küken wie angegeben falten und zusammenkleben. Serviette oder Süßigkeiten hineinlegen.

FROHE OSTERN
FÜR NILS
choko

Frühlingsboten

Material

- Fotokarton in verschiedenen Brauntönen
- Filzplatten in Gelb, Orange, Rot, Hellgrün, 4 mm
- Märchenwolle in Rot
- Filznadel, mittel, 90 mm lang
- Schmetterlinge aus Metall, 3 cm
- Naturbast

Vorlage J

Tipp

Anstelle der dicken Filzplatten Bastelfilz verwenden und auf Fotokarton aufziehen.

1 Die Hasen von der Vorlage auf Fotokarton, Narzisse, Tulpe und Karotte auf Filz übertragen und ausschneiden.

2 Die Gesichter der Hasen mit Filzstift aufmalen, Glanzpunkte mit einem weißen Gelstift setzen. Die Innenohren aufkleben.

3 Bei der gelben Blüte etwas Märchenwolle als Blütenstempel auffilzen. *Tipp:* Alternativ einen runden Blütenstempel aus rotem Filz schneiden und aufkleben.

4 Die Motive aus Filz der Abbildung entsprechend auf die Hasen kleben und deren Arme fixieren.

5 Mit der Lochzange ein Loch zwischen den Hasenohren ausstanzen. Für die Aufhängung Bastschlaufen anbringen und dabei einige Fäden als Stirnhaare anknoten.

6 Die kleinen Schmetterlinge aufkleben: auf Fotokarton mit Klebekissen, auf Filz mit flüssigem Klebstoff.

Narzissen

Material

- Fotokarton in Weiß, Gelb, Orange
- Tonpapier in Weiß, Gelb, Orange
- Gestanzte Filzpunkte, 8,5 mm Ø
- Jumbolocher „Blüte" ca. 3 cm Ø
- Deko-Rubbelinge „Buchstaben"
- Teelicht
- Gekochtes Ei in Gelb
- Kleine Textilblüten, z. B. Narzissen
- Zierrandschere

Vorlage K

Eierbecher, Tischlicht und Blütendeko

1 Von beiden Blütenformen eine Schablone nach den Vorlagen herstellen (siehe Seite 4). Die große Blütenform auf Fotokarton, die kleinere auf Tonpapier übertragen und ausschneiden.

2 Den Innenkreis mit Bleistift anzeichnen. Alle eingezeichneten Falten auf der Vorderseite falten, dann auf der Rückseite (ergibt Tal- und Bergfalten). Die Blüte in der Mitte falten und den angezeichneten Halbkreis nachschneiden.

3 Eine große und kleine Blüte ineinander legen. Je nach Ausführung ein Teelicht, ein Ei oder Blüten im Ausschnitt platzieren.

Mini-Blüten

1 Blüten mit dem Jumbolocher aus Tonpapier stanzen und wie die großen Blüten falten.

2 Einen Filzpunkt in die Mitte kleben. *Oder:* Kreise aus Tonpapier rundum fein einschneiden und einkleben.

Tischkarte

1 Orangefarbenen Fotokarton von 8 x 8 cm mittig falten. Buchstaben auf gelben Fotokarton rubbeln. Das Schild mit der Zierrandschere ausschneiden, auf die Karte kleben.

2 Eine Mini-Blüte wie oben beschrieben anfertigen und mit einem Klebekissen anbringen.

Juliane

Tulpen mit Häschen

Material

- Fotokarton in Rot (Rest), Grün, Hellbraun, Mittelbraun, Braun
- Motivkarton „Happy Papers – Bubbles" in Gelb, Orange, Rot, Blau
- Motivkarton „Happy Papers – Flowers – Sommerblumen" in Grün
- Motivkarton „Happy Papers – Flowers – Tulpen" in Grün
- Aufhängefaden
- Bürolocher

Vorlage L

1. Alle Motivteile von den Vorlagen übertragen und ausschneiden.

2. Jede Blüte auf einen Stiel kleben und die fertige Tulpe auf einer Wiese fixieren.

3. Die Häschen ausgestalten: Die Gesichter mit Filzstift aufmalen, Lichter mit einem weißen Gelstift setzen. Jeweils den Kopf mit Klebekissen auf dem Körper platzieren. Die Hasen auf die Wiesen kleben.

4. Für die kleinen Marienkäfer mit dem Bürolocher Punkte aus rotem Fotokarton stanzen, mit Filzstift bemalen und auf die Motive aufkleben. Fühler auf den Untergrund zeichnen.

5. Aufhängeschlaufen mit einer Nadel an den Blüten befestigen.

Material

Für beide Motive

- Bindedraht
- Perlgarn in Gelb
- Je Motiv 3 Holzperlen, z. B. in Gelb, Orange, Rot, 10 mm Ø

Küken

- Fotokarton in Gelb, Grün
- Tonpapier in Rot
- Motivkarton „Happy Papers – Flowers – Gänseblümchen" in Orange
- Papierkordel mit Drahteinlage in Weiß
- Ostergras
- Schaschlikstab
- Filzstift in Rot

Ei

- Ausgeblasenes, gefärbtes Ei
- Acryl- oder Deckfarben in Rot, Grün
- Pinsel
- Motivkarton „Happy Papers – Flowers – Sommerblumen" in Grün

Vorlage M

Hinweis

Für beide Motive eine lange Hilfsnadel anfertigen: Das Ende eines 10 cm langen Bindedrahts eng u-förmig biegen.

Küken mit Ei

Küken

1 Das Küken aus Fotokarton schneiden. Schnabel und Auge aufmalen und Flügel ankleben. Aufhängefaden anbringen.

2 Das grüne Nest aus Fotokarton anfertigen, alle eingezeichneten Falten auf der Vorderseite falten, dann auf der Rückseite (ergibt Tal- und Bergfalten). Mit der Schere ein Loch in die Spitze stechen.

3 Die Schmetterlingsflügel von der Vorlage auf Motivkarton übertragen und ausschneiden. Ein Loch für die Aufhängung stanzen. Das Dreieck für den Schmetterlingskörper aus Ionpapier schneiden, an der breiten Seite über einen Schaschlikstab wickeln und das Ende festkleben. Den Körper auf den Flügeln fixieren. Zwei 2,5 cm lange Papierkordelstücke als Fühler einkleben.

4 Den Schmetterling auf Perlgarn reihen. Die Garnenden zusammennehmen, durch die Öse der Hilfsnadel fädeln und drei Holzperlen aufnehmen. Durch das Loch im Nest führen und innen mit einem Knoten fixieren. Küken und Ostergras ins Nest kleben.

Ei

1 Ein ausgeblasenes Ei einfärben (siehe Seite 5) und mit Acryl- oder Deckfarben kleine Muster aufmalen.

2 Eine Perlenkette mit Blütenanhänger anfertigen und die Fäden verknoten. Eine kleine Papierscheibe und das Ei aufziehen, die Enden zu einer Aufhängeschlaufe verknoten.

Impressum

ISBN-13: 978-3-419-56751-7
ISBN-10: 3-419-56751-0

Lektorat und Produktion:
Elke Fox

Styling und Fotos:
Christoph Schmotz, Freiburg

Covergestaltung und Layoutentwurf:
Network!, München

Gesamtproduktion:
smp, Freiburg

Druck:
Freiburger Graphische Betriebe

Verlag Herder GmbH
Christophorus-Verlag
Hermann-Herder-Str. 4
79104 Freiburg

Tel.: 0761/2717-0
Fax: 0761/2717-352
E-Mail:
info@christophorus-verlag.de
www.christophorus-verlag.de

Weitere Titel von Erika Bock

3-419-56695-6

3-419-56715-4

3-419-56697-2

3-419-56613-1

Kreativ-Service

Sie haben Fragen zu den Büchern und Materialien? Frau Erika Noll ist für Sie da und berät Sie rund um die Themen Basteln und kreatives Hobby. Rufen Sie an! Wir interessieren uns auch für Ihre eigenen Ideen und Anregungen. Schreiben Sie an Frau Noll oder direkt an den Verlag, wir hören gern von Ihnen! Per E-Mail: **mail@kreativ-Service.info** oder
Tel. **+49 (0) 7150/302777** | Mo. – Do.: 9.00 – 16.00 Uhr / Fr.: 9.00 – 13.00 Uhr